Le couple

Comment réussir
la grande aventure de l'amour

Du même auteur

Aux éditions Philippe Rey
L'Évangile selon saint Loubard (repris chez Points)
L'Évangile, une parole invincible (repris chez Points)
Rallumez le feu ! Vivre l'Évangile (repris au Livre de Poche)
Et si on parlait de tes mômes ?
Réussis ta vie !
Mes plus belles prières
Ose l'amour !
Face à la souffrance
Lutte et aime, là où tu es ! (repris chez Points)
La magie des animaux
Apprends à pardonner
Coeur de prêtre, coeur de feu (repris chez Points)
La vieillesse, un émerveillement
Petit guide de prière
Éveilleur d'espérance
Le couple
Occupe-toi des autres !
Vagabond de la bonne nouvelle (repris chez Points)
Le Bonheur
Nos fragilités
Jésus, un regard d'amour

Aux éditions Stock (repris au Livre de Poche)
Un prêtre chez les loubards
La rue est mon église
Des jeunes y entrent, des fauves en sortent
L'Espérance aux mains nues
Aventurier de l'Amour
Avec mon aube et mes santiags
Les petits pas de l'Amour
Jusqu'au bout !
Dieu mon premier Amour
Des loups dans la Bergerie
Dealer d'Amour
Passeurs de l'impossible
Ma religion, c'est l'Amour
Kamikaze de l'espérance
Et si je me confessais

Aux éditions Salvator (repris chez J'ai Lu)
Cris de jeunes

Aux éditions des Béatitudes
Chemin de croix
Le plus bel album de famille : le rosaire
Les mystères lumineux du rosaire

Aux éditions du Livre ouvert
La violence... un appel ?
Lutte, prie et aime

Aux éditions Coccinelle (bandes dessinées)
Aimer à tout casser
Des loups à Faucon

Guy Gilbert

Le couple

Comment réussir
la grande aventure de l'amour

Philippe Rey

Si tu veux m'écrire, fais-le par le biais de mon éditeur. Si tu savais comme tu m'aides en me critiquant ou en m'engueulant. Ma plume alors s'enrichit.
Merci.

Ton frère

7, rue Rougemont - 75009 Paris

www.philippe-rey.fr

Introduction

Le temps sur terre est fait pour aimer et être aimé. Du premier regard du bébé qui s'éveille au dernier regard du vieillard qui s'éteint, tout le monde recherche l'amour. Qui peut résister à l'amour ?

L'amour est au centre de tout, c'est ce qui fait vivre chaque être. Ça le hante. Ça lui fait renverser les montagnes et franchir les abîmes. Si on est seul, on n'est pas vraiment soi-même, on ne peut se suffire à soi-même. Notre vie passe par l'autre qui détient les clés de notre devenir.

Je ne vois autour de moi que des gens qui ont soif d'être aimés et d'aimer. Mais aussi beaucoup de personnes meurtries par les suites d'amours manquées, car tout amour est fragile. Il bute contre de nombreux obstacles. Il est un combat sans cesse renouvelé. Le jeune adolescent s'y engouffre bille en tête, croyant qu'il est acquis. Il ne sait pas encore qu'aucun être ne peut tout donner, tout recevoir, dans une complémentarité paradisiaque. Et l'adulte n'est pas toujours beaucoup plus expérimenté.

Un véritable amour, c'est pour toujours

Je salue tous les amoureux, tous ceux qui ont été amoureux, tous ceux qui ont perdu un amour. Je vous salue, tous ceux qui ont réussi à perdurer dans l'amour, parce que avec 45 % de divorces maintenant, il va falloir qu'on mette une pancarte devant chez vous : « Couple fidèle depuis 50 ans, à consulter d'urgence... » Une longue file attendra sur le trottoir pour venir vous contempler, vous les couples qui durez, vous les kamikazes de l'amour.

Un véritable amour, c'est pour toujours. C'est pour ça qu'il faut commencer par bien choisir. La passion, c'est très dangereux car, après l'étape obligatoire du plumard, elle mène à des sentiments faux : on ne voit pas du tout les faiblesses des autres, on est aveuglé d'abord par le désir. Mais on s'aperçoit très vite qu'il n'y a rien derrière… C'était une illusion. C'était bien, juste quelque temps.

Aujourd'hui l'usage est de changer de partenaire, ce qui est assez détestable parce que cela donne tôt ou tard un sentiment de perte importante, chez les jeunes surtout. Je me souviens d'un mec qui aimait vraiment beaucoup sa gonzesse. Je lui ai demandé s'ils voulaient vivre ensemble et il m'a répondu : « Mon grand-père et ma grand-mère sont divorcés, mon père et ma mère sont divorcés… non, je ne m'allierai pas… j'attends. »

Avant, le sens de l'amour était très fort. Même si ça ne collait pas, les gens pouvaient rester ensemble. C'étaient les conventions – ce qui était un peu ridicule d'ailleurs. Mais il y avait un idéal… et des exigences.

> *Le couple heureux qui se reconnaît dans l'amour défie l'univers et le temps ; il se suffit, il réalise l'absolu.*
>
> Simone de Beauvoir

Je crois que dans la vie on ne peut avoir qu'un amour. Il y en a qui soutiennent qu'on peut en avoir plusieurs. Je me souviens d'un jeune qui m'a dit : « J'aime bien ma deuxième gonzesse mais, quand je fais l'amour avec elle, je pense à ce que je vivais avec la première. » Ce n'est pas très bon. Il y a une plénitude totale à se donner à l'autre. Quand on sait qu'on aime, qu'on connaît très bien l'autre, c'est une pure merveille.

Est-ce qu'un couple peut tenir toute une vie ? Oui, je le pense. C'est un combat difficile. Mais autrement plus difficile est la séparation.

Puisse ce livre t'aider, toi qui songes à t'engager avec l'être que tu aimes, à construire une relation solide et durable. J'en ai connu, des couples : heureux, en difficulté ou séparés. L'amour entre deux êtres est une aventure qui vaut la peine, il faut se battre pour réussir. J'aimerais te persuader, cher lecteur, que c'est possible et que c'est beau.

Respecter le corps et le cœur

Dans notre société on parle quotidiennement de faire l'amour. Mais est-ce vraiment d'amour qu'il s'agit, ou plutôt de sexe ? Les publicités pour aller au maximum de l'orgasme remplissent des pleines pages : bizarre de lire que 30 % des hommes ont des difficultés à bander, que des petites pastilles bleues les y aident… On a l'impression parfois que tout cela est mécanique : parler de « baiser » l'autre, c'est comme se masturber dans l'autre, cet autre qui n'est qu'un objet essentiel du plaisir.

Alors que, au contraire, faire l'amour, c'est vouloir le plaisir de l'autre d'abord. C'est là qu'un être s'aperçoit qu'il est vraiment aimé. Faire l'amour, c'est se donner à l'autre pleinement. Point n'est besoin de dire qu'on l'aime : il le sait, il le ressent. C'est le mystère de la sexualité, un grand mystère quand il est pleinement partagé.

Faire l'amour ou vivre l'amour ?

Valoriser le sexe au rabais et les « Fais ce que tu veux quand tu le sens », c'est mépriser les jeunes et les appeler au plus bas.

Inciter les jeunes à faire l'amour à tout prix, c'est les insulter. C'est leur dire « Baise », en quelque sorte, en ajoutant évidemment : « Protège ta viande avec de la cellophane. » C'est les priver pour plus tard d'une rencontre, parmi les plus belles, qui les soudera et les appellera au plus haut.

Il est de plus en plus intenable de défendre l'innocence enfantine et adolescente et, en même temps, de l'agresser sexuellement, sous les formes les mieux déguisées : pubs, émissions de radio, films, sites internet.

Dans ce moment très riche de leur vie, notre responsabilité et celle des pouvoirs publics s'exercent dans la présentation qu'on leur fait du mystère de la sexualité. Sauf que le croyant donnera un sens très profond à la sexualité.

La chouette lubrique

Je disais un jour la messe à Faucon, à de jeunes scouts, en fin d'après-midi.

Pendant la prière pénitentielle, je leur donnai cette instruction : « Demandez pardon pour les heures nocturnes très longues que vous passez sur internet. Et surtout pour les touches maléfiques que vous actionnez quand vous voulez accéder aux sites pornographiques. Ce n'est pas le bon moyen de guider votre corps sexué. »

À minuit, je reçois un coup de fil du responsable du groupe scout : « Guy, cinq jeunes veulent se confesser. » Je me rends dans le petit bois où logeait la troupe et je confesse les cinq jeunes. J'ai entendu de belles horreurs salaces de la part des mômes en confession.

C'était libérant pour eux. Un très beau moment. Sans témoin, évidemment.

Sauf une chouette lubrique qui, en haut de l'arbre sous lequel je confessais, hululait joyeusement sans arrêt !

On se chante l'amour

On ne fait jamais d'abord l'amour.
On se dit l'amour.
On se chante l'amour.
On se prépare à l'amour.
On désire le cœur d'abord.
Le corps suivra.
Plus tard.
On attend cette rencontre.
On la prépare.
On veille pour cela sur ses yeux : ses lectures, la télé, le cinéma, internet…
Sur ses oreilles : la musique, les discussions qu'on refuse…
Enfin sur son cœur.
On ne fait jamais d'abord l'amour.
On se prépare à l'amour.

La sexualité et son mystère

Je dis toujours aux jeunes qu'ils doivent respecter le corps et le cœur de l'autre. Parler de sexualité avec eux est souvent un moment très beau et très fort. Il règne un silence extraordinaire, immense, révélateur.

J'ai toujours beaucoup de joie à les entendre en parler. En groupe, ils sont « torrent » sur leurs prestations. Mais « filet d'eau » dans le privé !

Ils préfèrent en parler entre jeunes plutôt qu'avec leurs parents ou leurs professeurs. Au contraire, face à un adulte à la parole libre, ils attaquent très vite de front ce sujet qui les brûle. S'ensuit alors un dialogue toujours passionnant.

Ils ont soif de savoir car ils me semblent particulièrement ignorants en la matière, malgré la science qu'ils croient détenir. Ce qu'ils apprécient, c'est qu'on ne les condamne pas, qu'on n'ait pas une morale toute faite, carrée, ficelée, un avis définitif. « Parle-nous de ta sexualité », me disait dernièrement une fille de quatorze ans. Sa demande était d'autant plus provocatrice qu'elle m'interrogeait devant deux cents copains et copines ! J'ai répondu que mon célibat a pour moi une grande valeur parce qu'il est fondé sur un amour offert à tous et à toutes... J'ai précisé que c'est parfois dur à vivre, mais que, si c'était à refaire, je redonnerais cœur et corps au service de l'amour. J'ai tenu à ajouter que la beauté de la sexualité est liée en partie à son mystère. Mystère propre à chacun. Sept milliards d'humains ont chacun une sexualité qui leur est propre.

Je lui dis qu'on n'étale pas sa sexualité devant tout le monde. Et que, s'il est un jardin secret chez les humains, c'est bien ce domaine, qui ne doit pas être jeté en pâture.

L'amour ne passe pas forcément par le sexe. Ces mots-là peuvent être libérateurs pour les jeunes, face aux sollicitations incessantes qui leur sont proposées.

Faire l'amour trop jeune est dangereux pour l'équilibre affectif. Le corps n'oublie jamais. Ces sensations fortes et rapides peuvent habituer à une demande sexuelle inassouvie, de plus en plus décollée du cœur.

Le sexe : « viande » ou « don » ?

À chaque rencontre avec des jeunes, l'homme d'Église que je suis a droit à la question traitant de la capote. Je réponds ainsi : « Jeunes, quand vous partez pour faire l'amour, prenez un sac à dos ! Moyennant quoi, vous avez toutes les chances, si vous n'avez rien oublié de la panoplie parfaite de l'athlète de l'“amour sans risques”, de passer un bon moment ensemble. »

Après avoir décrypté chaque objet du sac à dos érotique (capotes, pilules, etc.), j'en viens à la maîtrise, à la discipline du sexe et à la fidélité. Cette partie de mon discours est écoutée poliment. Sans plus. Elle n'offre souvent aux jeunes d'aujourd'hui qu'un intérêt dérisoire parce que le plus souvent inatteignable.

Au cours d'un repas, je vois un scout derrière moi. « Que veux-tu ? lui dis-je – J'ai un gros problème. J'ai 17 ans et je suis puceau. Je l'ai dit à ma troupe. Elle se fout de moi. L'un des gars m'a dit : “J'ai une nana de ton âge pour toi. Tu la baises et personne ne se foutra plus de toi.” Qu'est-ce que je fais ? » Je lui ai répondu : « Reste ce que tu es. Ta force convaincra les autres plus sûrement que leur désir de faire ce qu'ils font, ou prétendent faire. » Son merci m'a rempli de joie.

Faire l'amour, c'est sacré

Si on accepte le mystère de l'autre, si on le respecte, on doit forcément découvrir la présence de Dieu dans l'existence de son (ou sa) partenaire.

Un jour, un jeune s'exclamait devant moi : « Faire l'amour, pour moi, c'est sacré. » Il préparait l'événement. Il le goûtait un max. C'était un perfectionniste qui ne se laissait pas aller à saisir n'importe quelle proie qui passait à sa portée.

Très beau gosse, il n'avait que l'embarras du choix, mais il attendait. J'admirais le talent de cet orfèvre.

La pulsion sexuelle doit s'orienter vers la vie. Elle peut, si elle est sauvée de ses propres errances, avoir une fulgurante beauté. Nous devons le dire aux enfants. Les y préparer. De nombreux couples s'y essaient dans l'Église. Qu'ils continuent avec ténacité, audace et persévérance. Oui, on peut dire que la sexualité est un des ultimes lieux de refuge du sacré.

> *Vous valez ce que vaut votre cœur. Toute l'histoire de l'humanité est l'histoire du besoin d'aimer et d'être aimé.*
>
> Jean-Paul II

Ils ont besoin de nos réponses

Un jeune dans une radio particulièrement sexy pose cette question à l'animateur : « Je suis hétéro, j'ai une gonzesse, tout va bien. Mais des copains homos m'invitent à une soirée échangiste entre hommes. J'ai envie d'y aller et pas envie à la fois. Qu'est-ce que t'en penses ? »

« Fais comme tu le sens », lui décoche l'animateur.

Le jeune, interloqué, tente de nouveau : « Dis-moi ce que je dois faire…

– Mais fais ce que tu veux. C'est à toi de voir. »

Terrible réponse pour cet ado. Lui dire brièvement le risque qu'il prend en vivant une sexualité qui n'est pas la sienne et à laquelle il peut prendre goût était une réponse plus constructive. Le laisser à son choix personnel alors qu'il demandait avec insistance qu'on lui donne une parole forte, c'est le laisser seul face à ses choix troubles.

La solitude des jeunes est en attente. Ils font toujours face à notre réponse quelle qu'elle soit. Mais ils ont besoin de nos réponses d'adultes.

Vos jeunes vous regardent, parents !

À leur question inquiète : « Peut-on aimer toute une vie ? », c'est votre fidélité, à vous, parents, qui sera la réponse.

Que votre amour les illumine ! Alors, à leur tour, ils transmettront à leurs enfants les valeurs qui sont les vôtres : la fidélité et la maîtrise de soi.

Rien n'est perdu. L'Espérance gagnera. Même si vous êtes à contre-courant des mœurs de notre époque, dans ce qu'elle porte d'égoïsme, de voyeurisme et d'excitation des sens.

Appeler les jeunes au plus haut, au plus profond, au dépassement quotidien, c'est leur dire qu'on les aime vraiment. Parents, répondez-leur par ces mots qui, sur le fond, s'adressent aussi bien aux adultes : « Ton sexe te travaille, parfois il t'obsède… Maîtrise-le. Si tu le sépares de ton cœur, il ne sera que plaisir immédiat, manqué. Ne fais jamais parler ton corps sexué d'abord.

« Malgré le désir que tu en as, il est cœur, sentiments, tendresse avant tout.

« Ne décolle jamais ton sexe de ton cœur. Tu n'es pas un lapin, ni un castor. Ta tendresse humaine est ce que tu as de plus beau, de plus grand.

« Ton sexe maîtrisé, tu vivras en harmonie avec lui parce que tu sauras qu'il est don, qu'il est l'autre avec qui tu ne feras qu'un. »

Au cœur du couple

L'autre, en amour, ne doit jamais être seulement objet désirable. Il (ou elle) est une immensité de merveilles et de contradictions. Mais avant tout un cœur. Tu n'auras pas assez de toute une vie pour découvrir le mystère de sa personne. Prépare-toi à cela.

Les séparations qui se multiplient sont le signe d'un temps où on confond l'attrait pour des choses matérielles et l'attrait qu'on ressent pour une personne. On veut une voiture, et puis une plus belle. On a un appartement, et puis un autre plus confortable. La résidence secondaire a beau être la plus attrayante qui soit, la lassitude après l'avoir durement acquise arrive souvent.

On n'est jamais satisfait.

On veut toujours plus. En amour, au fond, on a le même désir, l'inassouvissement d'un toujours plus. Sauf si on porte en soi une dynamique, une spiritualité qui nous poussent haut, très haut, et tout le temps de sa vie.

L'attention, l'écoute, les mille petits efforts pour accepter l'autre, lui dire son amour, sont les marches les plus sûres pour ne pas se casser la gueule après avoir reçu le sacrement de mariage. Il est une force prodigieuse.

Fidélité

Seule la fidélité apaise, donne le sens de la réconciliation et du pardon. Seule la fidélité permet aux enfants issus de l'amour de rester fidèles à leur tour. Le jour où ils feront leur nid, ils garderont inscrit au plus profond de leur âme l'exemple envoûtant du père et de la mère qui se sont dit « oui » pour le meilleur et pour le pire. Et qui, jour après jour, l'ont vécu. Il n'y a rien de plus beau.

Je revois toujours l'amour qui unissait mon père et ma mère. Il nous semblait indestructible. Il l'était. La fidélité des couples de mes frères et sœurs est le plus beau témoignage, aujourd'hui, de ce que mes parents ont construit devant nous.

N'oublie jamais. Ce que tu vis de haut, de bon, de noble sera ta succession. Tu le verras quand, à ton tour grand-père ou grand-mère, tu te baigneras dans la douceur des générations rassemblées. Tu verras ta vie réussie. Et tu sauras alors que l'amour qui t'a porté, au prix de maints combats, est vainqueur au-delà de tout.

Accepte ce combat qui, au fond, est le seul qui vaille la peine.

Intimité

Le mariage implique le sacrifice, le partage, la limitation de certaines libertés personnelles. Je vois souvent des gens qui se séparent parce que le mec est toujours avec ses copains, ou parce que la fille fréquente assidûment ses copines. Ces amitiés sont belles, mais parfois si intrusives qu'elles nuisent à la vie du couple. Quand deux individus s'aiment, il se produit une rupture avec certains liens sociaux, parce qu'ils sont deux. Qu'ils aient des copains et des copines, c'est parfait, mais il se passe quelque chose d'autre quand on décide de vivre ensemble. Ce n'est plus une vie de célibataire. Il faut respecter et préserver le jardin secret du couple. Si du matin au soir des gens entrent et sortent du foyer, comment garder une intimité ?

Se réconcilier

M'accepter moi-même
Tel que je suis et dans la joie.
Regarder davantage ce que j'ai reçu,
Pour en rendre grâce,
Que ce qui me manque
Encore pour m'en plaindre…
Accepter l'autre tel qu'il est,
En commençant par le plus proche,
Mon mari ou ma femme.
Dire du bien de l'autre
Et le dire tout haut.

Ne jamais me comparer à un autre,
Car la comparaison
Ne pourra mener qu'à l'orgueil
Ou au découragement.
Vivre dans la vérité :
Appeler le bien, bien
Et le mal, mal.
Résoudre les conflits,
Non par la force,
Mais en se parlant,
Et ne pas se monter la tête
Par un monologue intérieur,
Ni se plaindre
Ou dire du mal de l'autre en son absence,
Mais entrer aussi vite que possible
Dans un vrai dialogue avec lui.
Dans le dialogue,
Commencer par ce qui unit,
Pour ne passer
Qu'ensuite à ce qui oppose.
Prendre l'initiative du dialogue
Et essayer de se réconcilier le jour même.
« Que votre colère ne dépasse pas le coucher du soleil »,

Écrivait saint Paul.
Croire fermement
Que « pardonner » vaut plus
Qu'« avoir raison ».

Cardinal Daneels

Égalité d'humeur

L'ennuyeux lorsqu'on se met en colère contre l'autre, c'est qu'on double sa fureur, car on est également en colère contre soi. On est furieux d'avoir un peu perdu les pédales, alors qu'on sait qu'il faut multiplier les actes de paix.

Pour acquérir de la douceur, il faut maîtriser une chose importante : son humeur. Au séminaire, j'en ai été frappé. Quand j'étais ado, on nous disait souvent : « Gardez l'égalité d'humeur ! »

Si tout va bien dans ton couple, si tout est bon, remercie Dieu, mais si ça ne colle pas, si tout se barre de travers, fais acte d'humilité. La sainteté, c'est trouver chaque jour l'occasion de s'amender et de se reprendre. La sanctification par la maîtrise de soi est un point très important.

La douceur entre par là.

Qui peut résister à la douceur d'un être cher ? Vois combien elle est apaisante, comme elle crée l'harmonie, comme elle unit et appelle à faire de même.

Ceux et celles qui sont doux possèdent la terre. Ils viennent à bout de tout. La douceur nous amène à supporter l'autre et à l'aimer vraiment, malgré les fritures. Et à nous supporter nous-même. Soyez doux avec vous-même. Tant de gens sont trop durs avec eux-mêmes. Ils ne doivent jamais oublier que, si l'on a la maîtrise de soi et l'égalité d'humeur, on a la douceur. Et on possédera la terre, on viendra à bout de tout.

La douceur est une chose merveilleuse. Puissiez-vous cultiver cette fleur magnifique de la charité. Vous ferez des merveilles autour de vous. Chaque acte d'amour et de douceur compte. Le Seigneur vous récompensera pour la paix que vous créerez autour de vous.

Le plaisir le plus délicat est de faire celui d'autrui.
Jean de La Bruyère

L'amour-fusion ne dure pas

Comme le disait Henri Jeanson, aimer ne doit pas être un « verbe irréfléchi ». La faiblesse de l'amour est l'amour fusionnel, toujours destructeur. En général, il tient peu de temps. Vous voyez des couples enthousiastes qui s'aiment à fond la caisse. Et puis soudain ils ne s'aiment plus. Six mois plus tard, une autre passion les dévore…

On ne peut pas vivre l'amour fusionnel une vie entière. Sauf cas très rares, car la fusion ne connaît pas la différence : on aime l'autre en totalité et, quand on s'aperçoit de la différence, la déception, le chaos arrivent. Seule la différence acceptée assure la solidarité.

Beaucoup de gens vivent une grande souffrance de ne pas pouvoir toujours rejoindre l'autre. On ne peut pas tout partager, être ensemble du matin au soir, ne plus avoir de jardin secret personnel. Le véritable amour est la magnifique rencontre de deux cœurs et de deux corps. Nous devons nous dire que personne ne sera jamais à la hauteur de notre demande d'aimer et d'être aimé, nous ne devons pas idéaliser nos attentes par rapport à notre conjoint. C'est un point très important.

L'amour à chaque instant

Notre vie est faite de déchirures, de joies, de souffrances, de paresse et de labeur. Dans une journée, on fait mille et un gestes répétitifs. Et si l'on mettait tout l'amour possible dans ces gestes au lieu de les accomplir machinalement ?

Aimer à tout casser pendant vingt-quatre heures, s'investir pleinement. Hier n'est pas meilleur, demain on ne sait pas.

Pour avoir une confiance absolue en ce qui vient, il faut vivre pleinement le moment présent. Le pire, c'est de vivre hier ou demain.

Mettre toute sa puissance dans ce que l'on fait, au moment où on le fait, s'appliquer. Tout faire par amour.

Pour cela, il faut se posséder soi-même, être à sa place dans le couple, accueillir l'événement, ne pas le subir.

> *Former un couple c'est n'être qu'un, mais lequel ?*
> Proverbe anglais

Le couple prioritaire

Ce que je peux détester entendre ces deux mots : « Mes enfants ! » Je rectifie toujours : « Sont-ils nés par l'opération du Saint-Esprit... ? Alors, dis : *nos* enfants. »

Le regard des parents semble aller de plus en plus vers l'enfant, et exclusivement vers lui. Or, c'est le couple qui est prioritaire. L'enfant n'arrive qu'après. Il est le fruit du couple. Il est une des plus puissantes raisons de vivre du couple. Mais c'est le couple qui est la priorité absolue. Il est charnière, roc, clé de voûte.

Un couple qui se parle, discute, se pardonne, se solidifie pour être alors uni au service de ses enfants. Un couple qui ne pense qu'au gosse est un couple manqué.

Un couple réussi réussira ses enfants.

Le couple ne doit jamais laisser l'habitude, la lassitude s'installer. Il doit s'interroger, prendre du temps à deux, laisser les gosses à la belle-mère qui sera ravie et foutre le camp dans la forêt ou en week-end régulièrement. C'est une question de survie pour un homme et une femme. De plus en plus de couples le font. C'est vital.

Seule la trinité d'amour – l'homme, la femme et l'enfant – sauvera le couple du cataclysme actuel. Je crois que l'hémorragie des divorces pourrait être arrêtée si les couples décidaient que la priorité, c'est eux. Inestimable trésor pour ceux et celles qu'ils appellent alors « nos enfants ».

Écouter et supporter

Une des plus belles expressions de l'humilité est d'écouter l'autre qui n'est pas d'accord. Sans tricherie, essayez de trouver ce qu'il y a de bon et de nouveau dans ce que vous dit votre conjoint qui s'oppose à vous ! Centrez-vous simplement sur lui au lieu de rapporter ses propos à ce que vous pensez ou aux expériences que vous avez vécues... Oubliez, l'espace de cette conversation, ce que vous avez envie de répondre. Rongez votre frein, vos ongles, tout ce que vous voudrez, mais taisez-vous et écoutez !

> *Un couple n'est pas fait pour s'entendre, mais s'écouter.*
> Grégoire Lacroix

L'époque a changé, les valeurs aussi

On croit maintenant beaucoup en soi-même et c'est à partir de là que l'on veut bâtir ses relations avec les autres. C'est bien, mais peut-être aussi dangereux. L'être humain ne se réalise que dans une interdépendance. Le culte de soi peut créer au final un véritable enfer dans le couple. On croit tellement en soi, que l'on considère que la liberté c'est d'être sans attaches. On est un plus un, et on croit être libre. Mais être libre n'est pas être deux, être libre c'est quand on est « à deux ».

Les couples qui sont restés fidèles, qui ont réussi à tenir, sont vraiment lumière aujourd'hui. N'oubliez jamais que, si la fidélité est difficile, l'infidélité l'est encore plus. Et que l'expérience de la séparation est douloureuse, elle isole.

Un zeste d'humilité

Il ne s'agit pas de se glorifier de ses faiblesses, de se diminuer, de s'humilier de façon masochiste, mais de savoir qu'en définitive l'on n'est que soi, tout bêtement. Et il faut tout autant admirer les dons que nous avons sans nous en vanter.

Il faut s'émerveiller de l'autre. Nos jugements ont très souvent pour effet de le diminuer. Pas de le grandir. Aimer, c'est faire exister. S'émerveiller de l'autre, c'est ne plus penser à soi, à sa gueule. C'est aimer sa propre pauvreté, aimer ses manques et ses faiblesses. Sans exagérer, quand même. De quel droit vais-je juger mon frère et lui trouver quelques poux alors que moi j'en ai des hordes !

Recette pour obtenir une famille « savoureuse »

Une mesure bien tassée d'amour vrai,
Beaucoup d'écoute et de compréhension,
Une bonne dose de disponibilité
Mélangée à quelques grammes de douceur et de calme.

Ajoutez un rien de fermeté.
Cherchez un peu de bonne volonté.
Assaisonnez avec de la droiture et de la sincérité
Afin de conserver le bon goût de la vérité.
Râpez les désirs égoïstes,
Les brusqueries et les impatiences.
Faites fondre votre orgueil et votre suffisance.
Trouvez dans vos réserves quelques grains de
Foi inébranlable,
Une espérance sans conditions.
Saupoudrez le tout de tendresse.
Faites revenir à la surface
Des tranches entières d'accueil et de partage.
Additionnez de dialogue, menus services,
Mercis bien placés, don de soi sans retour.
Laissez mijoter longtemps dans la patience.
Avant de présenter, flambez dans la joie
Et, si possible, dans un grand élan de prière.
Complétez par un petit verre d'humour.
Et vous obtiendrez une famille savoureuse,
Des parents aimants, des jeunes libres et joyeux.
Une bonne entente entre tous.

Deux êtres imparfaits

Un bon mariage n'exige pas un homme parfait ou une femme parfaite, il exige seulement un homme et une femme qui s'engagent à faire des efforts ensemble vers la perfection. Cela demande avant tout de la générosité. Si on se contente d'accuser l'autre, ça ira de mal en pis. Des couples regardent en arrière, refusant d'abandonner sur le bord de la route les bagages du passé. À cette étape, le pardon est essentiel.

Il arrive parfois que se commettent des péchés graves. On entend dire que lui ne satisfait plus les besoins de sa femme, ou qu'elle a changé. Chacun dans le couple a évolué. Il faut savoir que des conseillers conjugaux et des thérapeutes sont là pour les couples. Certains d'entre eux font un boulot extraordinaire. Ils permettent parfois à des couples de ne pas se séparer, ou bien de se séparer un certain temps pour mieux se retrouver.

Un mariage est une chose magnifique à vivre et le couple est appelé à la perfection, c'est le travail d'une vie. On n'est pas parfait quand on se marie, autrement on ne se marierait jamais. Alors, sachez accepter de n'être pas parfaits, et allez ensemble sur le chemin de l'amour.

> *Certes, il peut y avoir des accidents dans le couple, mais ce n'est pas parce qu'on crève un jour qu'il faut jeter la voiture.*
>
> Jacques Dutronc

Pardonner

S'il vous faut parfois critiquer l'autre, faites-le avec amour. Renouveler l'amour et la compassion est un travail de chaque jour.

Essayez de pardonner et tentez d'effacer l'insulte. En exprimant votre rancune ou votre haine contre l'autre, vous ne faites qu'entretenir votre souffrance, tandis que le pardon ramènerait la paix et, peut-être, la réconciliation.

Pardonner à l'autre est difficile pour tout le monde, même pour un prêtre. Et que faire si l'autre n'accepte pas votre pardon ? Il faut savoir que, déjà, vous serez en paix avec vous-même. Selon l'Évangile, si vous avez blessé une personne d'une façon quelconque, demandez-lui sincèrement pardon. Si la personne refuse vos excuses, demandez-lui pardon de nouveau, et puis laissez-la digérer sa rancune. Et partez en paix.

La paix du ménage

Je me souviens de ce couple très fidèle qui avait quatre enfants. Du jour au lendemain, le mari tombe amoureux d'une autre femme. Une folle passion. Quelque chose de destructeur. Au même moment sa femme se trouve de nouveau enceinte. Ils pensent à l'avortement. Comme le mari vient me voir, je lui dis : « Tu sais que la vie est sacrée, tu me l'as souvent répété. Alors cet enfant ne sera pas un handicap, mais une richesse énorme pour vous. Et au sujet de cet amour qui te tombe dessus, je prierai pour toi, pour que vous puissiez décider. »

> *Cette chose plus compliquée et plus confondante que l'harmonie des sphères : un couple.*
>
> Julien Gracq

Eh bien, ils ont surmonté cette terrible épreuve. Comment a-t-il fait ? En espérant, en mettant leur âme à nu, en souffrant beaucoup… Et quand, maintenant, vingt-cinq ans plus tard, je les vois si heureux, je me dis que c'est une véritable sainteté que vit ce couple. Leur enfant qui devait disparaître est leur joie.

Il n'y a pour cela aucune prescription. Même un ancien peut reprendre la route. Sachez que vous pouvez changer votre vie aujourd'hui, et chaque jour. On a pu ne penser qu'au cul et à l'argent pendant toute sa vie et, d'un seul coup, on s'arrête et on se demande : « Dis-moi, tu vas où, là ? »

Et vous changez de vie !

Le Grand Amour

Ça ne se rencontre pas du jour au lendemain.
Ça n'est pas un don, c'est le fruit d'une expérience.
Il commence évidemment avec un grand « A », il s'acquiert,
Il se façonne au fil des ans,
Il résiste à…

Toutes les météos du monde, sous tous les climats :
Les ciels bleus, les ciels bleu voilé, les ciels gris,
Les ciels orageux, les tempêtes, les tornades ou tourmentes,
Et puis un jour, tout simplement, quand tout est apaisé,
Qu'il a résisté à tout, on s'aperçoit qu'on le vit au quotidien ;
Il est là, quand par mimétisme,
Les désirs de l'un sont anticipés par l'autre.
Ce constat est à lui seul un aboutissement ; et ça n'arrive pas en un jour, ni en une semaine, ni en un mois ou même une année…
Sa représentation physique en architecture : une solide voûte reposant sur deux colonnes, scellées et verrouillées par la clef ;
Ôtez-en la clef, l'édifice n'est plus rien, il s'écroule.
Le Grand Amour est à la portée de tout un chacun,
Mais il faut se le forger, se le gagner…
La recette en est simple :
C'est une école de patience, d'écoute, de compréhension,
De tolérance, de confiance mutuelle et d'honnêteté réciproque.
La fidélité extrême, dans le Grand Amour :
Le couple va jusqu'au bout du voyage,

Part ensemble, dans le même wagon, sans laisser l'autre sur le quai!

Bernard Larbanet

La fête des amoureux

Savez-vous que, dans le monde, un milliard de cartes et de cadeaux sont envoyés le jour de la Saint-Valentin? Une personne sur sept! C'est une fête célébrée partout.

La fête des amoureux est issue de l'ancienne fête romaine païenne des Lupercales, fête rurale au cours de laquelle des prêtres frappaient les femmes dans les rues de Rome avec des lanières en peau de chèvre ou de loup… Ce rite était censé leur assurer la fertilité. Aujourd'hui les femmes pourraient faire la même chose aux nombreux hommes en mal d'érection… Une légende dit aussi que les oiseaux se mettaient gaillardement à copuler le 14 février.

Heureusement, l'Église a ouvert d'autres portes. Elle redécouvre la Saint-Valentin et veut donner à cette fête une forte connotation d'amour chrétien. Les paroisses de Paris ont voulu la sortir de son carcan, à la fois pastel romantique et promotion commerciale, pour aller plus haut. Le diocèse de Paris magnifie la Saint-Valentin. C'est une très bonne idée. Si quelqu'un peut parler de l'amour, c'est bien l'Église catholique ! L'Évangile est un cri d'amour et un cri de liberté.

Pour le chrétien, notre base, notre livre, notre sainte Bible, l'Évangile notamment, nous dit que Dieu est amour. Dans notre religion, la plus belle chose est de savoir que Dieu nous aime. Tout est fondé là-dessus. Les théologiens peuvent parler longuement de tout ce qu'ils voudront, mais le prêtre ne peut pas parler d'autre chose que d'amour, parce que c'est la plus belle chose, la plus grande, la plus noble, la plus constructive.

Les croyants et les non-croyants vibrent autant quand il s'agit d'aimer. Je me souviens de cette interpellation lors d'une conférence. « Vous savez, je ne suis pas chrétien, me dit un type, je déteste même les cathos et le pape, mais comme il est bon que vous ayez parlé d'amour dans cette salle ! » Nous étions dans une salle laïque, évidemment. Cela m'a donné une flamme supplémentaire.

Certaines paroisses ont décidé de faire un bon petit gueuleton aux chandelles le soir du 14 février, parfois dans l'église. L'essentiel, c'est de vivre une convivialité amoureuse. Se réunir dans une belle salle pour fêter tous ensemble la Saint-Valentin, du plus vieux au plus jeune, c'est très beau.

À la Saint-Valentin, j'ai une pensée toute particulière pour les nouveaux amoureux, pour les amoureux qui sont restés fidèles, les amoureux qui sont devenus infidèles, pour les veufs et les veuves. Je pense aussi aux séparés, aux divorcés, aux remariés… Je pense enfin ce jour-là à tous les célibataires et aux délaissés de l'amour.

Pourquoi le mariage ?

Sur terre, vivre une relation, c'est tenter d'aider l'autre à aller au-delà de lui-même, grâce à l'amour qu'on lui porte. Le sacrement de mariage bien compris et bien préparé donne ce but aux époux.

Le mariage chrétien demande une grande exigence de fidélité. Aujourd'hui, dans l'air du temps, cette exigence devient dérisoire. On vit ensemble sans se marier, le Pacs connaît un succès phénoménal, on va même peut-être passer au mariage homosexuel. Ces formes de vie commune sont parfois adoptées par des personnes qui ont une belle idée de l'exigence du couple, de la fidélité. Mais l'institution qui les unit, l'État, ne leur demande rien, ne les encourage pas en ce sens.

Quant à l'infidélité, elle règne de plus en plus, et du coup crée de très nombreuses emmerdes : pensions alimentaires, enfants qu'on se passe de l'un à l'autre de week-end en week-end, disputes autour du patrimoine en coupant la maison en deux, et même le chien et le poisson rouge ! Évidemment, il vaut mieux que le couple se sépare s'il vit un enfer et si les enfants et adolescents subissent une atmosphère détestable.

Le quatrième sacrement

Le sacrement de mariage est le quatrième sacrement. Depuis saint Augustin, l'Église affirme la sainteté du mariage, ainsi que l'égalité de l'homme et de la femme. Ce n'est pas le Christ lui-même qui a institué le sacrement de mariage, mais l'Église en fonction de cette parole du Christ : « Ce que Dieu a uni, personne ne peut le désunir. »

Depuis le concile de Trente, terminé en 1563, l'Église exige la présence du prêtre pour célébrer le sacrement de mariage, pour qu'il soit le témoin principal du « oui » que deux personnes s'échangent pour la vie.

Le prêtre ne *donne* pas le sacrement de mariage. Il n'en est que le premier témoin. Il suffit qu'il pose la question : « Veux-tu épouser cette personne ? » Si les futurs époux acceptent tous deux, chacun délivre à l'autre le sacrement de mariage. Les amis et la famille sont les autres témoins nécessaires à sa validité.

Le « oui » sacramentel

Je marie en priorité les gens que je connais, souvent des jeunes qui n'ont pas une forte culture religieuse. Plus précisément je ne marie pas : je suis leur premier témoin.

Je les prépare à ma façon, plutôt que de les bassiner avec un catéchisme qu'ils ont oublié depuis vingt ans. Et j'assiste parfois à de drôles de réactions.

Un jour, je marie un mec et sa gonzesse. Au moment de leur demander le « oui » sacramentel : « Veux-tu être fidèle ? Est-ce que tu aimes l'autre gratuitement ? Est-ce que tu veux nourrir ta famille et avoir des enfants ? », le mec s'approche de moi et me chuchote à l'oreille : « Hé, Guy, tu te rends compte, me la supporter toute ma vie ! Ça craint ! »

Je lui dis à mon tour dans le creux de l'oreille : « Écoute, je te fous mon poing dans la gueule si tu ne dis pas oui. »

C'était un peu spécial comme liturgie, mais elle a pourtant été très spirituelle, et loubarde ce jour-là. Il n'empêche que vingt ans plus tard, comme je les rencontrais de nouveau, mon ancien loubard me décocha ceci : « Dis aux chrétiens, dis-leur que le sacrement de mariage donne une putain de force ! » Vu son fichu caractère, je ne donnais pas cher de cette union. Et pourtant elle dure. Je constate, ravi, qu'il avait pigé la pleine dimension du sacrement.

> *Dans un couple, peut-être que l'important n'est pas de vouloir rendre l'autre heureux, c'est de se rendre heureux et d'offrir ce bonheur à l'autre.*
>
> Jacques Salomé

Au cœur de leur amour

L'homme et la femme qui s'unissent par le sacrement de mariage sont le signe de l'alliance de Dieu avec l'humanité. Cela signifie que Dieu est au cœur de leur amour, qu'Il en est la force centrale.

Je dis toujours aux tourtereaux : « Votre amour sera entaché de tout. Mais vous vous êtes préparés et vous vous êtes choisis, alors maintenant restez fidèles. Et c'est le “oui” qui va vous engager. »

Si le couple pense que l'amour humain suffit à les unir, ils ont tout faux, car seul l'Amour de Dieu peut le faire. J'ai vu des couples qui auraient dû divorcer et se séparer depuis longtemps, mais qui avaient un tel sens du Dieu-Amour qu'ils ont su pardonner à leur conjoint ses dérives. Ils vivent aujourd'hui pleinement un amour merveilleux.

> *Il y a, dans le cœur de chaque homme, un vide en forme de Dieu.*
>
> Saint Augustin

Pourriez-vous nous trouver un curé ?

Aux Galeries Lafayette, il n'y a pas longtemps, les membres d'une famille commandaient le mariage de leurs enfants. Tout était enfin prêt. La salle, les décors, le buffet, la musique, les vins, la robe de la mariée et les gâteaux, toute la cérémonie était organisée… Ils sont rentrés chez eux et, brusquement, ils se sont aperçus qu'ils avaient oublié un « détail ». Ils téléphonèrent au grand magasin :

« Dites donc, pourriez-vous nous trouver un curé pour nous marier ? »

C'est une situation tout à fait révélatrice. La cérémonie est fin prête, le super-gueuleton, le meilleur champagne et, à la dernière seconde, on se dit : « Merde, on a oublié la religion ! »

Une bonne préparation est indispensable. C'est un an dans l'Église catholique. Mais il faut ramer pour donner aux futurs mariés les bases de la religion. Le prêtre doit leur parler des autres sacrements de l'Église. Nous devons leur dire que Dieu s'est incarné et que Dieu est Amour. Face à leur désert religieux, il faut s'accrocher dur !

Premièrement, les prêtres doivent rencontrer les deux futurs époux pour savoir où ils se situent en tant que chrétiens, mais ils ne peuvent pas toujours le faire. Des équipes de couples chrétiens s'en chargent bellement. La plupart des gens qui viennent nous voir pour se préparer au sacrement de mariage sont largement ignorants en matière de religion catholique.

La puissance de la fidélité

Je leur dis aussi qu'ils s'engagent à vie, parce que, parfois, quand je discute avec des fiancés, ils me disent : « Ben, enfin oui. On aura peut-être des petites expériences à côté, mais on s'aimera toujours. » Je réponds : « Non ! C'est pas bon, ça ! »

Autant je suis pour qu'un couple vive ensemble avant le mariage religieux, à condition que les deux amoureux décident de rester fidèles toute leur vie, autant je suis contre le vagabondage sexuel.

L'Église leur demande de ne pas avoir de relations sexuelles avant le mariage religieux. Seuls les saints en sont capables ! Ne serait-il pas bon que des jeunes désirant vivre toute leur vie ensemble puissent s'installer à deux puisqu'ils se sont promis fidélité ? Et que l'Église bénisse leur accord qui entérine une fidélité qu'ils se sont déjà promise ? C'est avec joie qu'en maintes occasions j'ai baptisé un enfant dix minutes avant de marier ses parents !

Un an minimum…

Auparavant, nos jeunes se préparaient au mariage en trois mois. « Il faut que cette préparation dure un an », ont annoncé les évêques. Je suis entièrement d'accord avec eux sur ce point.

Et même, je pense que ce délai est encore trop court. Nous tombons de plus en plus souvent sur des couples qui veulent se marier à l'église et qui doutent : « Peut-être que Dieu existe, peut-être qu'Il n'existe pas… ? » Je vais devoir gratter pendant des heures.

Dieu n'existait pas pour eux, et subitement ils veulent une cérémonie religieuse. On la fait, leur cérémonie, mais en se disant : « Le sacrement, ils n'y comprennent que dalle ! L'Église, ils s'en foutent, sauf pour une heure. » Nous restons hypocrites, nous les curés, par rapport à ce sacrement. Surtout quand on sait qu'un certain nombre de mariages sont nuls. Un diacre qui préparait des couples au mariage religieux me disait un jour : « Dans mon diocèse, cinquante pour cent des mariages sont probablement nuls. »

Benoît XVI lui-même, s'adressant le 25 juillet 2005 aux prêtres du diocèse d'Aoste, a ouvert une perspective en se demandant si le fait d'avoir administré le sacrement à des mariés « sans foi » pouvait constituer un motif d'invalidité du mariage.

Je le pense absolument.

Bien vu, Benoît !

Une bénédiction sans sacrement

Que faire face à ces candidats « sans foi réelle » qui demandent le sacrement ? Deux solutions. Dire aux couples : « Vous ignorez l'essentiel de l'Église et de sa vie, et encore plus l'Évangile. Revenez plus tard. » Mais ils ne reviendront jamais. Ou bien jouer l'hypocrite et les marier… en attendant l'échec. J'arrive à une troisième solution qui me semble la meilleure pour le temps d'aujourd'hui.

Un couple vient me voir pour son mariage. Je discute longuement avec ces amoureux. Je m'aperçois que leur culture religieuse est proche du néant. Ils pratiquent… pour les enterrements et les mariages familiaux ! Éventuellement, ils assistent à la bénédiction des Rameaux, c'est-à-dire au premier quart d'heure de la messe, et se barrent ensuite.

Je leur dis : « Je ne vous donnerai pas le sacrement de mariage. Mais je vais vous offrir une bénédiction nuptiale au cours d'une belle cérémonie de prières, de chants et de silence. » Ce que je fais.

Aucun échange des consentements, évidemment. Simplement une bénédiction pour leur dire que l'amour conjugal, c'est pour la vie. Et que Dieu les aide à le vivre. Souvent, avant la bénédiction, je baptise leur marmot. Et je précise pour les gens de la noce qu'il n'y a pas de sacrement, mais une belle bénédiction. À la fin de la cérémonie, je les prie de me revoir s'ils désirent un jour le sacrement. Ce qu'ils font très rarement.

L'Église n'a pas à s'adapter aux mœurs laxistes du temps, mais doit conformer sa liturgie à la pauvreté religieuse des gens. Les rejeter, c'est les condamner à quitter l'Église. Avoir conscience de leur fragilité, c'est vivre la compassion du Christ, c'est-à-dire marcher à leur pas, sans compromission… mais sous le regard d'amour du Christ.

Ne vous mariez pas sans amour, mais aimez qui est digne d'amour.

Proverbe anglais

L'engagement

Nous devons dire aux amoureux l'immense force de ce sacrement unique. Dans l'Église, celui qui préside est le prêtre, le diacre ou l'évêque. Le pape aussi a célébré quelques mariages. Le père et la mère accompagnent les tourtereaux, ce qui veut dire : « Allez, on t'a aimé, on t'a porté. On te passe la main. Maintenant, c'est à toi. »

Le prêtre accueille par un petit discours. Les mariés choisissent les textes. Il y a souvent des textes ou de la musique profanes. L'humanité du prêtre accueille les mariés. Ensuite, nous faisons place à Dieu. L'Épître, l'Évangile et l'homélie sont la richesse du mariage et disent : « Voici à quoi vous vous engagez. »

Je connais bien les gens que je marie, j'ai cette chance. Tous les prêtres n'ont pas cette possibilité dans des villes comme Paris. Ils rencontrent les fiancés assez vite et, après le mariage, chacun s'en retourne de son côté. J'essaie toujours de suivre les tourtereaux que j'ai mariés.

Ensuite, le prêtre doit déclarer : « Vous allez vous unir pour la vie, à trois conditions essentielles. » Premièrement : êtes-vous prêts à être fidèles toute votre vie ? Deuxièmement : prenez-vous la responsabilité d'être des époux qui s'aiment jusqu'au bout, dans le meilleur comme dans le pire ? Enfin, troisièmement : voulez-vous avoir des petits ?

Se préparer au grand envol

Un fait m'a fort éclairé. À l'aéroport d'Orly, un mec me saute dessus. Beau gosse, cravate, la trentaine. Soudain, il me révèle sa souffrance, décelable dans ses yeux.

« Un coup de foudre, mon père, me dit-il, et tout a été embarqué en six mois. Deux ans après, ma femme s'est barrée avec mon gosse. Je viens de divorcer, c'est dur.

– Tu es ingénieur, tu dois sans doute faire des stages pour t'améliorer dans ton métier, lui dis-je.

– Exact, j'ai déjà fait dix ans d'études. »

Je le regarde partir et attraper son avion. Tandis qu'il s'envole, je me dis que, pour la plus grande aventure d'une vie, l'amour, il n'a accordé que six mois de son temps, alors qu'à son métier, il a consacré dix ans de sa vie, et les stages continuent... Le mariage est une maison que l'on construit chaque jour, pierre après pierre. Et qu'on s'y prépare bien avant.

Prendre le risque de souffrir

Beaucoup de couples blessés ont peur d'aimer à nouveau. Quand vous avez aimé quelqu'un vraiment et qu'il y a séparation, vous n'êtes pas très optimiste pour l'avenir.

Je connais des êtres incapables de vivre en couple. Ils se marient, divorcent, tentent de vivre avec quelqu'un d'autre, mais n'arrivent pas à vivre à deux.

Dans un restaurant, un couple me reconnaît et vient me saluer. Je leur demande : « Vous vous aimez ? » Je pense que oui, mais je sens un petit flottement. J'ajoute : « Est-ce que vous pensez au mariage ? » La jeune femme me répond : « Oh ! Pas pour l'instant. » Elle me dit qu'elle veut attendre, qu'elle angoisse un peu.

J'entends souvent des réactions de ce genre. Cette peur de se dire oui pour la vie. Beaucoup de couples avec qui je discute semblent reculer devant cette décision. Ceux dont les parents ou grands-parents ont divorcé hésitent à s'engager définitivement.

Trop de divorces et de séparations nous interrogent. Quand je marie des amoureux, je leur dis bien qu'ils viennent de passer à la mairie, que si dans six mois ils divorcent, ils pourront repasser à la mairie, mais que moi, le curé, je ne recommencerai pas : « Ce que vous allez faire maintenant, c'est pour la vie. » Car rien n'est plus facile que d'être amoureux, le plus difficile est de le rester !

> *Quand l'amour en arrive à éliminer complètement la crainte, la crainte elle-même se transforme en amour.*
>
> Saint Grégoire de Nysse

Risquer

Rire,
C'est risquer de paraître fou.

Pleurer,
C'est risquer de paraître fragile.

Aller vers quelqu'un,
C'est risquer de s'engager.

Exposer ses sentiments,
C'est risquer d'exposer son moi profond.

Présenter ses idées, ses rêves aux autres,
C'est risquer de les perdre.

Aimer,
C'est risquer de ne pas être aimé en retour.

Vivre,
C'est risquer de mourir.

Espérer,
C'est risquer de désespérer.

Essayer,
C'est risquer d'échouer.

Mais il faut prendre des risques,
Car le plus grand danger dans la vie
C'est de ne rien risquer du tout.

Celui qui ne risque rien
Ne fait rien, n'a rien, n'est rien.

Il peut éviter la souffrance
Mais il n'apprend rien,
Ne ressent rien.
Ne peut ni changer ni se développer,
Ne peut ni aimer ni vivre.

Enchaîné par sa certitude,
Il devient esclave, il trahit sa liberté.

Seuls ceux qui risquent d'aimer sont libres.

Albert Coccoz, guide de haute montagne disparu dans une avalanche.

Savoir attendre

Quelles qualités doit-on avoir pour se préparer au mariage ? Je dis toujours aux jeunes tourtereaux : attendez. Les célibataires qui font les meilleurs mariages ne sont pas ceux qui trépignent, mais ceux qui se sont préparés à accueillir la relation tout en sachant rester eux-mêmes. Si on a bien accepté son célibat pour se préparer, on sera disponible à une rencontre équilibrée. La fébrilité à l'idée de rencontrer l'amour n'est pas bonne pour la construction de la relation.

Le temps d'aujourd'hui incite à jouir de l'instant présent vite, très vite. Point final. Il est pourtant si beau et si bon d'apprendre à goûter, à savourer, sans vouloir tout bouffer dans la minute qui vient.

Avez-vous essayé de tirer sur l'herbe pour qu'elle pousse plus vite ? Ou sur vos géraniums ? Vous savez que la croissance d'une plante nécessite un certain temps, et que rien n'y changera. Il faut attendre patiemment pour voir arriver les fleurs. En amour, c'est pareil.

L'amour-passion n'est jamais un amour patient, c'est l'amour immédiat, irréfléchi et souvent destructeur. L'amour détruit par l'impatience de l'autre.

Dans l'amour-passion, on veut tout de l'autre, on attend tout de lui ou d'elle. Et tout de suite. Bien sûr, la position horizontale permet de très vite faire connaissance. Mais se connaître dans son caractère, dans ce que l'on est profondément, demande une autre sorte d'effort. Quand apparaissent les différences, on s'aperçoit que l'autre n'est pas celui que l'on croit. Et c'est souvent trop tard.

Il est vrai que Dieu nous a faits capables d'aimer fidèlement, mais la vie nous mène souvent ailleurs. Nous sommes devant des choix. Il ne faut pas trop s'emballer. La pire des choses, c'est de dire un jour à quelqu'un : « Je t'aime », et de lui dire plus tard : « Je ne t'aime plus. » C'est d'une certaine façon le tuer. Dire « je t'aime » est un acte très important.

Alors il faut savoir attendre pour le dire toute une vie.

La famille de son conjoint

Bien connaître la famille de son conjoint est également important. Il m'arrive d'avertir des couples : attention, cette belle-mère est intrusive ! C'est une mère-ventouse, elle ne veut pas lâcher son rejeton, il faut prendre conscience de ça rapidement. Sinon, d'année en année, la situation deviendra insupportable. Les conséquences sont tragiques quand une mère s'immisce complètement dans le foyer. C'est très important de savoir à quelle famille on a affaire, il faut prendre du temps. Si l'on vit ensemble six mois après avoir fait connaissance, sans avoir rencontré la famille, on prend un gros risque.

Le mariage mixte, une aventure périlleuse

Personne ne peut résister à l'amour : un Marocain aime une Française, une Chinoise aime un Italien, etc. Au début, grâce à l'amour, ça colle à fond. Une première difficulté importante est souvent la rencontre des familles. Des oppositions surgissent soudain. Les parents peuvent refuser cette alliance. Parfois les choses s'arrangent, une ouverture apparaît à la naissance du petit. Mais ce n'est pas toujours le cas. Le mariage mixte est une aventure où le respect est la plus belle preuve d'amour.

La France connaît un nombre croissant de couples mixtes : mariages entre juifs et catholiques, entre juifs et musulmans, entre musulmans et chrétiens, entre chrétiens et bouddhistes… Ces couples conjuguent des racines religieuses et/ou des origines différentes, c'est une sacrée aventure.

Assez souvent il n'y a pas de mariage religieux mais, si les fiancés le prévoient, c'est une étape clé. L'éducation religieuse des enfants en est une autre. Un paradoxe intéressant, c'est que la cohabitation religieuse comporte plus de risques quand les religions sont proches.

Y aura-t-il un mariage religieux ou pas ? Le mariage religieux n'a pas le même sens pour un catholique, un musulman ou un bouddhiste. On peut divorcer dans un mariage musulman. C'est beaucoup plus difficile dans le mariage religieux catholique.

Quels prénoms donner aux enfants ? Lors des repas, le porc peut-il être mêlé à d'autres viandes ? Quand vous êtes de passage dans un pays étranger, vous acceptez de modifier vos habitudes, mais quand vous y êtes installé pour toute une vie, c'est plus difficile !

Dans quelle religion les élever ? Lors d'un décès, quel type d'enterrement choisir ? Vous savez qu'il existe des carrés confessionnels dans les cimetières, empêchant des époux de confessions différentes d'être enterrés ensemble.

Une partie de ces couples ne se marie pas, afin de ne pas s'affronter sur le terrain religieux. Dans l'Église catholique, dix à quinze pour cent des célébrations sont mixtes, ce qui représente quatorze mille mariages annuels. Dans tous les diocèses, il y a un prêtre chargé des relations avec l'islam. Il peut renseigner ceux qui s'interrogent.

La religion catholique est parmi celles qui se sont le plus assouplies vis-à-vis des mariages mixtes. Elle les admet tout à fait, sans que le conjoint soit obligé de se convertir. Quand un musulman me demande s'il doit devenir chrétien pour se marier, je lui réponds : « Pas du tout ! Tu restes musulman. » La grâce sacramentelle est valable pour le musulman comme pour le chrétien.

Ils peuvent se marier à l'église sans devoir devenir chrétien, à condition qu'il ne soit pas célébré de deuxième mariage dans l'autre religion. Ce qui est pourtant courant.

J'ai eu la joie de marier Jamel Debbouze et Mélissa Theuriau, à leur demande. J'ai aimé ce que Jamel m'a confié dès le premier entretien : « Je vis dans deux cultures. Je veux partager les signes religieux des deux. »

> *Et surtout soyons-nous l'un à l'autre indulgents.*
>
> Paul Verlaine

Sept commandements...

Si tes vieux te poussent à te marier, alors que t'en as pas envie, renonce.

Si l'attrait physique chez ton (ou ta) partenaire est prioritaire depuis votre rencontre, ne monte pas les marches de l'autel. Attends.

Si tu te sens immature, pas prêt, indécis, évite de faire le pas du mariage, attends et renforce-toi.

Si tu penses que dans les heurts qui t'opposent déjà à ton (ou ta) partenaire, ce n'est jamais toi qui as tort, alors ne t'engage pas encore.

Si tu ne travailles pas ton toi profond pour vivre à deux, tu te planteras sûrement.

Si tu penses que si ça ne colle pas tu auras toujours la possibilité de te barrer, barre-toi avant.

Si tu crois que l'autre est l'idéal absolu, unique, tu te goures.

Il est imparfait, comme toi, difficile à vivre et dur à découvrir, comme toi.

Les blessés de l'amour

La séparation d'un couple, surtout lorsqu'il a des enfants, est un terrible échec, et presque toujours une souffrance qui mérite attention, respect et soutien. La séparation n'est pas un acte que l'on doit juger a priori mais une difficulté dans le couple à laquelle l'homme et la femme sont confrontés, chacun par rapport à sa vocation de personne libre et responsable.

J'ai une tendresse particulière pour ceux qui se trouvent séparés ou divorcés. Quelqu'un lui a dit un jour qu'il l'aimait et ce moment-là fut le beau de sa vie. Or, un matin, cette même personne s'en est allée. Alors tout s'est effondré.

On se rend compte que la plus belle des aventures n'est pas d'avoir une belle maison ou la plus grosse bagnole ; que la plus belle des constructions dans la vie n'est pas d'être ingénieur, d'avoir un super téléphone et une super déco ! Non, la plus belle des aventures, la plus grande réussite, c'est l'amour.

Nos jeunes consacrent un temps fou à leurs études pour se préparer à la vie professionnelle, et ils bâclent la plus belle aventure de leur vie en se mariant quelques mois seulement après leur rencontre.

Nos jeunes s'installent de plus en plus dans une certaine désespérance face à l'amour. Un môme qui venait de perdre son grand-père me disait : « C'est pas grave, je m'en fous, j'en ai trois autres ! » Évidemment, il comptait la famille de sa belle-mère. Je vis avec des jeunes et j'ai pu observer et vérifier que la séparation ou le divorce de leurs parents les disloque, les vrille, les évide. Nous ne saurons jamais combien les enfants sont atteints et blessés ; ils éprouvent une sorte de dégoût. Souvent, ils ont peur de la fidélité.

Les enfants devinent tout

Morgan, douze ans, devant une salle de six cents personnes me pose la dernière question : « Quand des parents ne s'aiment pas et veulent se séparer, pourquoi ne le disent-ils pas à l'enfant ? »

Cette question énoncée fortement par ce jeune me laissait croire qu'il s'agissait d'un problème personnel dans sa famille. Je devais faire une réponse délicate : « Si le jeune croit que ses parents veulent se séparer, il doit les interpeller gentiment, voire fermement, à table le soir. »

Il m'a demandé mon e-mail que je lui ai donné. Quelques jours plus tard, il m'écrit : « Guy, c'est de ma famille que je parlais. J'ai suivi ton conseil. Mon père était furieux, mais il m'a dit nettement qu'il voulait quitter ma mère. »

Cette interpellation était nécessaire et semble avoir calmé le gosse, puisque les choses ont été dites. Le père est parti très peu de temps après.

Les jeunes savent d'instinct que les embrouilles multiples des parents présagent un divorce. Divorce que les parents eux-mêmes n'avaient pas encore envisagé.

J'ai admiré l'audace de Morgan.

Devant la sensibilité des enfants, aux parents d'être très clairs, très tôt.

Le silence des gosses de divorcés

Une famille me reconnaît à l'aéroport et m'invite à prendre un café.

La femme du couple m'explique qu'elle est divorcée deux fois, qu'elle se rend à Paris pour trouver un appartement pour son fils très doué qui doit poursuivre ses études. Elle me parle de ses deux séparations, me précise que tout s'est très bien passé. Donc, de bons divorces.

À son fils Benjamin, qui est là, je demande comment lui les a vécus. Sa mère devance sa réponse et réplique aussitôt : « Pas de problèmes. »

Je repose la question au jeune qui lâche alors : « C'est pas évident. » Et la mère très surprise : « Tu ne me l'as jamais dit... »

Le silence des gosses de divorcés a besoin d'être éclairé. Pas forcément par les parents.

Ta gonzesse n'est pas ton clone

Les causes du divorce ? Ma réponse est courte. L'insatisfaction, la mésentente, souvent conséquence de la fusion. On ne peut pas se passer l'un de l'autre, et inexorablement on n'a plus rien à se dire. Il peut surgir des difficultés financières, des problèmes familiaux, des frustrations au lit. L'homme et la femme doivent savoir qu'on ne peut pas suffire à l'autre. C'est très important de savoir qu'on reste seul, irrémédiablement. L'amour, même le plus fort, reste une juxtaposition.

Je me souviens d'un mec qui voulait que sa gonzesse soit son clone, son double, son miroir ! « Sois comme moi », lui disait-il. Je lui ai fait remarquer : « Mon pote, c'est impossible. Vos désirs sont très différents ! »

Le cœur et la sexualité visent un au-delà, ils entretiennent l'idée d'un amour éternel et définitif. Nous ne le trouverons vraiment que là-haut. J'en suis certain. Si on pige ça, on peut atteindre une certaine sérénité.

> *L'important dans le divorce, c'est ce qui le suit.*
> Hervé Bazin

La première victime du divorce

Le divorce sépare les intérêts de l'enfant de ceux de ses parents. Il est la première victime. Les spécialistes de la vie de famille nous disent que la cause la plus importante du mal-être actuel des enfants est l'affaiblissement des liens familiaux. Nous savons que les enfants élevés dans un foyer monoparental à la suite d'un divorce sont beaucoup plus menacés par la drogue, l'alcool, l'échec scolaire, et toutes sortes de dangers.

J'aime quand les parents ne parlent jamais avec irrespect du conjoint qui est parti. C'est rare. L'enfant doit vivre toute sa vie dans le culte de son père et de sa mère. Moins il se mêlera de leurs affaires, mieux il se portera. C'est *leur* aventure amoureuse qui a échoué, c'est quelque chose qui appartient à *leur* histoire.

J'entends souvent le cri de ces enfants quand leurs parents se sont séparés : « Merde, quel gâchis, quel merdier ! »

« Essaie de garder un amour le plus égal possible entre les deux, dis-je à ces enfants otages de la mésentente de leurs parents, parce que de cette façon tu les aideras. » J'ai aussi connu des jeunes qui ont énormément aidé leurs parents à se réconcilier parce qu'ils avaient toujours une parole favorable pour le parent qui était parti. Ce sont des jeunes qui sont très grands. Rarissimes aussi.

« Ça doit te mettre sur la route du combat pour bien préparer ton futur amour, leur dis-je, pour que tu ne recommences pas ce que tes parents ont fait et que tu leur reproches. Et ne crois pas que le divorce est quasi normal, parce que tu rêves de fidélité, toi, dans ton cœur d'adolescent. Bien sûr que tu rêves de fidélité à vie pour toi et pour les autres, bien sûr que tu rêves d'un être que tu aimeras toute ta vie, et dont tu auras des enfants. Tu rêves de ça, de ta petite maison, d'un endroit cool, de tes vacances, t'en rêves. Eh bien, garde ton rêve précieux, mais ce rêve, bâtis-le en même temps.

« Construis-toi un jour une famille aimante, fidèle. Ce sera pour toi un repère important. Et dis-toi bien une chose : garde dans ton cœur la fidélité dont tu rêves parce qu'elle est possible, et ne pense surtout jamais qu'aimer est un rêve impossible. Garde ça précieusement.

« Si tu gardes ce rêve de fidélité possible, tu es gagnant.

« Garde ce rêve. Et garde intacte l'image de ton père et de ta mère.

« N'aie pas peur du mariage. Si tu t'es super-bien préparé, alors fonce. Et puis si tu mets Dieu dans le coup, y aura pas de lézard. »

Une plaie ouverte au cœur de l'Église

Les divorcés remariés sont une plaie ouverte au cœur de l'Église. Je ne peux pas parler lors d'une conférence de la sexualité des escargots, ou du rendement des vaches laitières en Nouvelle-Zélande sans qu'on me pose cette question :

« Pourquoi les divorcés remariés ne peuvent-ils pas communier ? »

Des femmes abandonnées par leur mari me racontent qu'elles doivent le revoir pendant les cérémonies de baptême ou de funérailles, ou à la naissance de leur petite-fille. « C'est très dur, me dit l'une d'elles, et en plus, comme je suis divorcée, je n'ai pas le droit de communier. »

Certains prêtres de leur communauté leur permettent de communier. D'autres refusent.

L'Eucharistie n'est pas une récompense

L'Eucharistie, c'est la force pour les faibles. Alors, à mon avis, les divorcés remariés devraient communier. Nous, prêtres de l'Église, n'avons pas le droit de remarier des divorcés parce que le sacrement du mariage est unique. Mais lorsque je prends la main des conjoints remariés, je bénis l'amour qui les unit. Et je prie que Dieu efface leur égarement et les aide à retrouver le chemin.

Je suis de plus en plus sollicité pour bénir les divorcés remariés. Je le fais discrètement, bien sûr.

Nous devons conserver la fidélité conjugale que nous puisons en Dieu. Si nous ne pouvons pas, que le Seigneur nous pardonne et nous donne la tendresse de l'Église et Son amour. N'oublions pas qu'un(e) divorcé(e) remarié(e) n'est pas nécessairement en état de péché, car c'est peut-être l'autre qui a rompu. Je bénis spécialement tous ceux et celles qui sont séparés ou divorcés.

Que ceux qui restent fidèles puisent en Dieu cette fidélité. À ceux qui n'ont pas pu l'être, que le Seigneur accorde Son pardon. Et que l'Église ait des paroles et des gestes de miséricorde.

Les positions de l'Église sont variées. Des évêques engagent les prêtres à faire selon leur conscience. Certains refusent la communion, d'autres l'acceptent. Dans des cas précis, je dis : « Demande pardon d'abord et puis si, en conscience, tu veux communier, alors fais-le. » J'ai étudié cette phrase de saint Thomas d'Aquin : « Si l'Église te dit quelque chose et ta conscience te dit l'inverse, suis ta conscience tout en veillant à l'éclairer par l'enseignement de l'Église. C'est à toi que revient en conscience la décision. » Il faudrait que nous ayons une politique théologique et disciplinaire commune dans l'Église. Ce qui n'est hélas pas le cas. L'Église est beaucoup en recherche actuellement : qu'elle trouve des pistes pour ne pas blesser un peu plus ceux et celles qui se sont trompés ou qui ont été trompés.

L'essentielle miséricorde

On dit que les divorcés remariés peuvent vivre comme frère et sœur. Je ne connais pas très bien la chose, mais dans un plumard pendant vingt ans comme frère et sœur, c'est un peu difficile, me semble-t-il. Par ailleurs, on sait aussi que les relations sexuelles permettent à un couple de se construire.

Le Christ dit : « Prenez, ceci est mon corps. Prenez, ceci est mon sang. » C'est qu'il voulait que nous ayons un contact matériel et corporel avec sa présence. Ce contact physique dit quelque chose de notre union à lui. Faire fi du corps de façon durable peut être dangereux pour la foi. Les exclus de la communion prétendent que l'Église fait fi de la miséricorde. On me renvoie souvent dans la gueule la fameuse parabole de l'enfant prodigue. Le

Seigneur fait la fête non pas avec celui qui est resté fidèle, qui a gardé les cochons à la ferme de son père, mais avec celui qui avait fauté et qui était parti. J'ai vu pas mal de couples qui, après un divorce, vivent, avec les enfants, des valeurs chrétiennes fortes.

Il y a quelque chose d'intéressant chez nos frères orthodoxes. Leur Église propose la bénédiction des divorcés remariés jusqu'à trois fois. Comme, dans l'Église catholique, le sacrement ne peut-être donné une deuxième fois, sauf si les divorcés passent par l'officialiste qui peut déclarer leur mariage nul dans certains cas. Comme l'Église catholique, elle garde l'indissolubilité : il n'y a qu'un mariage. Mais l'Église orthodoxe tient compte de la fragilité des gens, et Dieu sait si maintenant ils sont de plus en plus fragiles. Cette pratique peut être éclairante. On autorise une seconde union, non sacramentelle, mais faite sous le regard de Dieu et de la famille. L'Église orthodoxe bénit le pécheur qui demande pardon, sans autoriser un nouveau sacrement. Les orthodoxes savent qu'ils ont droit à un repêchage. Ils sont beaucoup plus heureux que les catholiques dans cette affaire.

La miséricorde me semble ici plus essentielle que la défense de l'indissolubilité quand elle reste fragile.

> *Heureux les affligés, car ils seront consolés!*
> Matthieu V, 4

Annulation du mariage?

Je constate, à travers des couples divorcés que je connais, que beaucoup vivent au cours de cette épreuve un renouveau de leur foi. D'autres, furieux, quittent l'Église. Beaucoup ont connu le schéma suivant : mal préparés au mariage, ne sachant pas exactement la force centrifuge du sacrement, ils ont divorcé rapidement. Et puis les ex-conjoints se remarient, autrement, cette fois-ci avec beaucoup plus de prudence et de cœur. Cinq ou dix ans après, je vois des couples vivant leur second amour avec une grande plénitude au milieu de leurs enfants. Et je les entends me dire : « On ne peut pas communier ! » Je leur réponds : « Vous avez des enfants, vous semblez heureux, vous pensez vraiment que ce deuxième mariage est ce qui vous convient, il tient la rampe, alors demandez la nullité du premier mariage. Il y a un service pour ça dans chaque diocèse. »

Il convient d'ajouter ceci. Combien de couples en souffrance ont, à mon avis, fait un mariage nul : précipitation, manque de préparation, jouant sur la seule émotion de la rencontre ? Je les engage à rencontrer le spécialiste de chaque diocèse pour voir avec lui si leur mariage est vraiment valide. Trop de couples renoncent à cette démarche essentielle qui les libérerait. Ils ont tort. Même si la démarche est longue, ils devraient la tenter.

Lumière des vieux dinosaures

L'amour, nous l'avons vu, exige le discernement, la préparation et le temps. La force des couples chrétiens est d'abord de se préparer. J'aime beaucoup voir des jeunes couples qui, lorsqu'ils sentent entre eux un lien très fort, se disent : « On part dans un monastère quelques jours. » Il existe un peu partout en France des sessions pour les futurs mariés, animées par des couples qui ont une longue vie conjugale… même des vieux dinosaures

C'est merveilleux que des jeunes soient en contact avec des anciens. Ceux-ci sont lumière. Un jeune couple, c'est le feu : il est embrasé par l'amour. Le vieux couple est lumière parce qu'il a expérimenté l'amour. Il sait que pour nourrir l'amour conjugal, il faut trois choses : prier, se pardonner et accepter la différence de l'autre.

Mêler le feu et la lumière…

> *Dieu a bien fait les choses, car dans un couple, à mesure que les rides apparaissent, la vue baisse.*
>
> Anonyme

Dans leurs yeux délavés

Au quatrième âge, ce n'est plus le sexe qui vous réunit, ou juste un peu, c'est quelque chose d'incompréhensible qui s'appelle l'amour. Vous vivez une tendresse merveilleuse. C'est la tendresse de deux êtres qui s'aiment au plus profond, qui s'aiment dans ce qu'ils ont de meilleur, qui ont accepté leur différence depuis très longtemps.

Je connais des couples de vieilles grincheuses et de vieux chiants… Mais ils vivent ensemble, ils ont accepté que l'autre soit chiant, que l'autre soit grincheuse.

Une vie où tout est mis ensemble : ses qualités, ses défauts, son oseille, sa baraque, ses champs, ses vaches et ses cochons, est une vie faite de moments durs, parfois terribles. Mais si l'amour domine, alors on vainc tout.

C'est de l'intérieur que tu es beau

Tu deviendras vieux, toi aussi. Tu perdras tes dents. T'auras un dentier. Tes mains seront déformées. N'oublie pas, ça arrivera forcément. À ce moment-là, si tu as des enfants et des petits-enfants, tu te souviendras de l'amour que tu as semé. C'est la beauté de la famille. Elle est la cellule la plus petite, la plus grande, la plus ancienne, la plus neuve. Garde fidèlement le support le plus grand de ton existence : ta famille.

Et fais voir à tes petits-enfants les images de votre mariage. Vous étiez si beaux ! Ils verront dans vos yeux cette beauté-là.

> *On ne voit bien qu'avec le cœur, l'essentiel est invisible pour les yeux.*
>
> Antoine de Saint-Exupéry

Banc public

Tu vis dans une société où, pour vanter une marque de fromage, ou de cornichons, on expose les seins ou les fesses d'une fille de dix-huit ans. On ne va pas afficher les appâts d'une femme de quatre-vingts ans… parce que personne ne mangerait de ce fromage ! Je te dis ça de façon humoristique, pour te signifier : le corps d'un ancien est beau, malgré tout. Il est beau parce que c'est de l'intérieur qu'il est beau, immensément beau.

J'ai vu un jour deux anciens dans un parc, assis sur un banc public, ils avaient largement dépassé les quatre-vingts ans. Ils se tenaient main dans la main, ils se regardaient et s'aimaient à ne savoir qu'en faire. On aurait dit des puceaux de seize ans, c'était fantastique. Ils étaient d'une beauté transfigurante qui rayonnait de l'intérieur ! Parce qu'ils s'aimaient, jusqu'au bout.

Combien de fois j'ai vu des vieux lézards mourir juste au moment où leur vieille taupe venaient d'avaler leur bulletin de naissance. Dans la journée ou dans l'heure qui a suivi, leur vieux cœur n'a pas tenu quand l'autre est parti. C'est un cadeau de Dieu. Ils ont voulu se rejoindre. L'autre n'avait plus envie de vivre. Et quand on a accompli soixante ans de vie commune, eh bien ça, c'est un beau départ.

Yildiz, mon amour

Je t'aime pour m'avoir fait confiance et accepté pour mari,

Je t'aime pour avoir établi entre nous une complicité sans égale, qui nous a permis de vaincre beaucoup d'adversités,

Je t'aime pour les enfants que tu m'as donnés, auxquels tu as transmis le meilleur de toi-même,

Je t'aime pour avoir animé notre foyer, l'avoir ouvert à l'amitié, à l'art et à la beauté,

Je t'aime pour les heures, les jours, les années que tu as arrachés à la mort au prix de souffrances souvent insupportables,

Je t'aime pour le travail que tu as fait en profondeur pour la connaissance des valeurs vraies,

Je t'aime pour avoir préparé nos enfants, dans l'espoir et dans la joie, à ton retour vers Dieu,

Ton corps que j'ai tant aimé a trop souffert,
Ton esprit, mon cher complice, l'a soutenu dans les choix et les épreuves,
Dieu a fait le reste dans la limite du raisonnable.
Puisque aujourd'hui ton corps nous abandonne et ne peut plus t'accueillir,
Je t'invite quand tu le veux à venir partager le mien,
Pour que nous prolongions encore quelques instants
Notre formidable histoire d'amour, mon Amour.

Bien sûr, nous eûmes des orages
Vingt ans d'amour, c'est l'amour fol.
Mille fois tu pris ton bagage
Mille fois je pris mon envol...
Mais, mon amour,
Mon doux, mon tendre, mon merveilleux amour,
De l'aube claire jusqu'à la fin du jour,
Je t'aime encore, tu sais, je t'aime.

Jacques Brel

L'amour est un combat

À tous les amoureux du monde, jeunes et vieux, les pas encore amoureux et les futurs amoureux, je veux dire encore que l'amour est quelque chose d'extraordinaire, mais fragile. Et il faut une patience d'enfer pour maintenir l'amour, avant et pendant. Qui mieux que les anciens peuvent le proclamer ? Des vieux dinosaures diront combien, pendant trente, quarante, cinquante ans ou plus, ils ont cultivé une patience extraordinaire vis-à-vis de leur conjoint.

Vivre ensemble est un long combat.

Quand deux anciens me demandent de bénir leurs quarante ou cinquante ans d'amour, je le fais avec une immense tendresse : « Je salue les deux combattants que vous êtes. Vous avez dû en baver. Mais vos cœurs ont su garder leur jeunesse éternelle. Je bénis vos cœurs d'enfants. Ils ont su garder votre fraîcheur juvénile au milieu des tempêtes et du soleil lumineux. Merci d'être des témoins qui illuminent et réchauffent notre monde. »

Récapitulatif des conseils

- Apprends à goûter, à savourer, sans vouloir tout bouffer dans la minute qui vient.
- Attends, accepte un temps le célibat, réfléchis à l'engagement que tu t'apprêtes à prendre.
- Prépare ton cœur et ton corps à l'aventure du couple.
- C'est le « oui » qui va t'engager.
- Vis la sexualité comme un don.
- Ne décolle jamais ton sexe de ton cœur.
- Tu vaux ce que vaut ton cœur, protège-le.
- Aime à tout casser.
- Aide l'autre à aller au-delà de lui-même.

• Crois fermement que pardonner vaut mieux qu'avoir raison.

• Accepte ton partenaire tel qu'il est.

• Dis du bien de l'autre et dis-le tout haut.

• Respecte l'autre : le respect est l'ingrédient essentiel de la vie d'un couple.

• Critique l'autre avec amour.

• N'enferme personne dans ses défauts ou ses péchés.

• Aie l'égalité d'humeur.

• Zappe les désirs égoïstes.

• Faites des projets communs : voyages, maison, créations…

• Fais des compromis : l'harmonie totale entre deux êtres est aussi rare qu'un chien qui miaule.

• Donne-lui des petits cadeaux de temps en temps.

• Rêvez ensemble : repensez à vos anciens rêves, trouvez-en de nouveaux.

• Respecte le jardin secret de l'autre.

• Ne sois ni dépendant ni soumis.

• Ne vous couchez jamais sans avoir réglé un conflit de la journée.

- N'impose pas ta belle-famille à ton conjoint si tu vois qu'il commence à saturer.
- Aie la volonté de faire durer ton couple.
- Gardez une estime réciproque forte, une grande complicité.
- N'idéalise pas ton couple, aime-le.
- Ne te sers pas de ton conjoint comme poubelle émotionnelle.
- Mets Dieu au cœur de ton couple.
- Assaisonne ta relation avec de la droiture et de l'honnêteté.
- Ne laisse jamais l'habitude s'installer.
- Ton couple doit être la priorité absolue, ton enfant n'en est que le fruit.
- Sois fidèle et ose parler à tes enfants de la fidélité.

Bibliographie

Bastaire Jean, *Apologie des noces*, Parole et Silence, 2011.

Bensaïd Catherine, *Histoires d'amour, histoires d'aimer*, Pocket, 2004.

Birreaux Annie, *Le Corps adolescent*, Bayard, 2004.

Boudet Paulette, *Le Pardon, chemin de vie*, Béatitudes, 2002.

Chapman Gary, *Couple en crise : une aide psychologique et spirituelle pour redonner de l'espoir aux couples séparés*, Farel, 2008.

Chovelon Bernard et Bernardette, *L'Aventure du mariage chrétien : guide pratique et spirituel*, Le Cerf, 2002.

ÉVELY Louis, *Réinventer le mariage*, Desclée de Brouwer, 1996.

FAURÉ Christophe, *Le Couple brisé : de la rupture à la reconstruction de soi*, Albin Michel, 2002.

GOTTMAN John M. et SILVER Nan, *Les couples heureux ont leurs secrets. Les sept lois de la réussite*, Pocket, 2006.

HEILLY, Alphonse D', *Aimer en actes et en vérité*, éditions Saint-Paul, 2005.

HÉRIARD Claude, *Marions-nous ! Un sacré chemin*, éditions de l'Atelier, 2012.

MÈRE TERESA, *Nous serons jugés sur l'amour*, Paulines/Mediaspaul, 1986.

ORAISON Marc, *Amour, péché, souffrance*, Fayard, 1961.

RUFO Marcel, *Tout ce que vous ne devriez jamais savoir sur la sexualité de vos enfants*, Livre de Poche, 2005.

SALOMÉ Jacques, GALLAND Sylvie, *Aimer et se le dire*, Pocket, 2010.

Table

Cet ouvrage a été achevé d'imprimer
en février 2014 dans les ateliers de Corlet
à Condé-sur-Noireau

N° d'imprimeur : 162004
Dépôt légal : mai 2012
ISBN : 978-2-84876-210-4
Imprimé en France